AF562568

GRANDE

FÊTE NATIONALE

DU 14 AOUT 1859

Retour de l'armée d'Italie à Paris.

Ordre du défilé par corps d'armée, divisions, brigades et régiments avec les noms de tous les Officiers supérieurs.

Paris

IMPRIMERIE DE SCHILLER AINÉ,
11, rue du Faubourg-Montmartre, 11.

1859

GRANDE

FÊTE NATIONALE

DU 14 AOUT 1859.

21 avril. Organisation de l'armée d'Italie. — 3 mai. — Proclamation de l'Empereur au Peuple français. — 10 mai. L'Empereur quitte Paris. — 11 mai. L'Empereur s'embarque à Marseille. — 12 mai. Arrivée à Gênes. — 20 mai. Combat de Montebello — 30 et 31 mai. Combats de Palestro. — 3 juin. Passage du Tessin à Turbigo. — 4 juin. Bataille de Magenta. — 8 juin. Entrée à Milan et Bataille de Marignan. — 12 juin. Passage de l'Adda. — 18 juin. Entrée a Brescia. — 24 juin. Bataille de Solferino. — 7 juillet. Suspension d'Armes. — 11 juillet. Signature des Préliminaires de Villafranca. — 17 juillet. Retour de L'Empereur à St-Cloud. — 14 août. L'Armée d'Italie rentre dans Paris sous des arcs de triomphes.

Grand état-major général.

MAJOR GÉNÉRAL : S. E. le maréchal Vaillant. — Aides de camp : de Salignac Fénélon, lieutenant colonel d'artillerie; Doutrelaine, lieutenant colonel du génie. — Officiers d'ordonnance : de Chamberet, lieutenant colonel d'état-major; Tripart; lieutenant colonel du 4e hussards et Couthaud, capitaine d'état-major.

AIDE MAJOR GÉNÉRAL : général de division de Martimprey (Edmond-Charles).

SOUS-AIDE MAJOR GÉNÉRAL : général de brigade Baret-de-Rouvray.

COMMANDANT DU GRAND QUARTIER GÉNÉRAL : général de brigade Rose.

GRAND PRÉVOT : colonel de gendarmerie Vernon.

VAGUEMESTRE GÉNÉRAL : le lieutenant-colonel de gendarmerie de Dalché Desplanels.

MAISON DE L'EMPEREUR : aides de camp : généraux de division comte Roguet, comte de Montebello; généraux de brigade Yvelin de Béville, prince de la Moscowa, Fleury, colonels Castelnau, de Waubert de Genlis, comte Reille, marquis de Toulongeon, comte Lepic, Favé. — Officiers d'ordonnance : lieutenants colonels baron de Menneval, Schmitz; commandants d'Andlau, Brady, vicomte Friant, de Tascher de la Pagerie, le prince de Latour d'Auvergne Lauraguais, capitaines Darguesse, Eynard de Clermont-Tonnerre, prince Joachim Murat, lieutenant de vaisseau Champagny de Cadore. — Écuyers de Bourgoing et capitaine Davillier.

SERVICE MÉDICAL : docteur Conneau, premier médecin; baron Larrey, chirurgien.

AUMONERIE : l'abbé Laine.

SERVICE DU CABINET : Robert, maître des requêtes et Lemarié, auditeur au conseil d'État.

OFFICIERS D'ÉTAT-MAJOR A LA DISPOSITION DU MAJOR GÉNÉRAL : général de brigade Jarras, colonels Bernier de Maligny et Saget, les commandants Hartung et d'Équilly, les capitaines Mircher, Maguin, d'Andigné, Vilette, de Plazanet, Tordeux, Saget, d'Orléans, de Creny et Magnan.

ARTILLERIE : commandant en chef : général de division Lebœuf. — Aide de camp : chef d'escadron Moulin. — Chef d'état-major : général de brigade Mazure. — Sous-chef : colonel d'Ouvrier de Villegly. — Adjoint au chef d'etat-major : commandant Robinot-Marcy. — Directeur général des parcs : général de brigade Borgella. — Directeur du grand parc : colonel d'Auteville. — Sous-directeur : lieutenant colonel Liédot. — Adjoints : lieutenant colonel Maigné, commandants Pioct, Marion et Cambier. — Directeur de l'équipage de siége : colonel Bramand-Boucheron. — Sous-directeur : lieutenant colonel Tellier. — Adjoints : commandants Dusaert, Faulquier, Surville et de Girels. — Commandant l'équipage des ponts : lieutenant colonel Baduel. — Commandant la réserve générale : colonel Vernhet de Launière. — Adjoints : commandants Liénard, Chambeyron et Garnier-Kéricault. — Commandant l'artillerie de montagne : commandant Grimès.

GÉNIE : commandant en chef : général de division Frossard. — Chef d'état-major : le général de brigade Le Bretevillois. — Directeur du parc : lieutenant colonel Renoux.— Adjoints à l'état-major : commandants Marchais de Laberge, Blondeau, Mondin et Merlin.

INTENDANCE GÉNÉRALE : Paris de Bollardière, intendant général inspecteur. — Adjoints : Pagès, intendant, Brou, Blondeau et Raoul, sous-intendants. — Services administratifs : Coytier, officier principal des hôpitaux ; Tricou, officier principal des subsistances ; Gastu, officier comptable du campement.

SERVICE DE LA TRÉSORERIE : payeur général, Budin ; payeurs principaux, Budor et Verdure.

Garde impériale.

(Turbigo - Magenta, Solferino.)

COMMANDANT EN CHEF : Le maréchal Regnault de Saint Jean d'Angely. — Aides de camp : Robinet, lieutenant colonel ; Haillot, capitaine. — Officier d'ordonnance : De Mauret, capitaine des guides. —

CHEF D'ÉTAT MAJOR GÉNÉRAL : Raoult, colonel. — Adjoint : Durand de Villers, chef d'escadron.

ARTILLERIE : Commandant : de Sevelinges, général de brigade.

INTENDANCE : M. Cetty, intendant ; MM. Robert et Seguineau de Préval, sous-intendants.

MÉDECIN EN CHEF : M. Méry.

TRÉSORERIE : M. Laffage, payeur général.

1re DIVISION : Commandant, général de division Mellinet. — Aide de camp : Marel, chef d'escadron. — Chef d'état-major : colonel Thevenin de Tanlay. — Adjoint : commandant de Bar de Lagarde. — Sous-intendant militaire : Bouché.

1re BRIGADE : commandant, général Niol. — Zouaves de la garde colonel Guignard; lieutenant colonel Garnier; commandants : Février et Crétin. — 1er régiment de grenadiers : colonel de Breteville; lieutenant colonel Noël; commandants : Lecomte, Ganzin et Baldini.

2e BRIGADE : commandant, général Blanchard. — 2e Grenadiers : colonel Chardon de Chaumont; lieutenant colonel Leroy de Dais; commandants : Gouzy, dit Gordy, Augier et Lebreton. 3e grenadiens : colonel Metmann; lieutenant-colonel, Gérard; commandants : Morin, Ferry et Michel.

ARTILLERIE : commandant, Rolland; 3e et 4e batteries du régiment d'artillerie à pied.

GÉNIE : commandant Riondel; 1re compagnie du génie.

2me DIVISION. — Commandant, général de division Camou. — Aide de camp Desplas. — Chef d'état major, colonel Besson. — Adjoint, le commandant Manèque. — Sous-intendant militaire Viguier.

1re BRIGADE : commandant, général Manèque; aide de camp Grosjean. — Bataillon de chasseurs à pied : commandant Letourneur, — 1er voltigeurs : colonel Dupuis de Saint-André; lieutenant colonel Bartel; commandants : Dauphin, Paris et Reynaud de Fonvert. — 2e voltigeurs : colonel Courson de Villeneuve; lieutenant colonel Esmieu; commandants Hanrion, Caillot et Peychaud.

2e BRIGADE : Commandant, général Picard. — 3e voltigeurs : colonel Dubos; lieutenant colonel Villemain; commandants : Billard, Jourdan d'Assonville, Kampft. — 4e voltigeurs : colonel Montaudon; lieutenant colonel Guichard; commandants : Borel, Martin et Clausener.

ARTILLERIE : commandant, Lefrançois; 5e et 6e compagnies du régiment à pied.

GÉNIE : Commandant Faugeron ; 2e compagnie du génie.

DIVISION DE CAVALERIE : commandant, le général de division Morris. — Aides de camp : le commandant Foloppe et le capitaine Gervais. — Chef d'état-major : colonel Pajol. — Adjoint : le commandant Lacroix. — Sous-intendant militaire : Dubut.

1re BRIGADE : commandant, général baron Marion. — Aide de camp : Nugues. — 1er cuirassiers : colonel Ameil. — Lieutenant-colonel : Payen de Chavoy. — Commandants : Collot et Thorton. — 2e cuirassiers : colonel Savaresse. — Lieutenant-colonel : de Laroque Latour. — Commandants : Durieux, de Lafutzun, de Lacarre.

2e BRIGADE : commandant, Général de Champeron. — Dragons de l'Impératrice : colonel Crespin. — Lieutenant-colonel : Jouve. — Commandants : de Verneville, et Martin. — Lanciers : colonel Lichtlin. — Lieutenant-colonel : Gayault de Maubranches. — Commandants : Delard et Biesse.

3e BRIGADE : commandant, général de Cassaignolet. — Aide de camp : Petit. — Régiment de chasseurs : colonel de Cauvigny. — Lieutenant-colonel : Cassagne. — Commandants : Coste et Féline. — Régiment des guides : colonel : de Mirandol. — Lieutenant-colonel : Massac. — Commandants : de Sansal et de Latheulade.

ARTILLERIE : commandant des batteries à cheval : N..

Le général de brigade Cler, commandant la 1re brigade des grenadiers de la garde, a été tué le 4 juin à Magenta : dans cette même journée, les généraux Mellinet et de Wimpfen de la même division ont été blessés.

Le 24 juin, la 1re brigade de la 2e division (chasseurs à pied 1er et 2e voltigeurs) commandée alors par M. Manèque, s'est emparée de deux drapeaux dans le village de Solferino.

1er corps d'armée.

(Montebello, Ma ignan, Solferino,)

COMMANDANT EN CHEF : S. E. le maréchal comte Baraguey d'Hilliers.--Aides de camp : lieutenant colonel Foy; commandant Melin. — Officier d'ordonnance : Guerre. — Chef d'état-major : colonel Anselme. — Sous chef : lieutenant colonel Manèque. — Prevôt : commandant Delorme.

ARTILLERIE : commandant, général Forgeot. — Chef d'état major : Mitrecé, lieutenant colonel.—Commandant la réserve : colonel de Veulens. —Adjoints : commandants Choppin et Maillot. — Directeur du parc : lieutenant colonel de Metz. — Sous directeur : commandant Picot de la Peyrouse.

GÉNIE : commandant, général Bouteilloux. — Chef d'état-major : colonel Servier. — Adjoint : commandant Martin.

INTENDANCE : Régnier, intendant. — Lagé et Heuillet, sous-intendants.

MEDECIN EN CHEF : Champouillon.

TRÉSORERIE : de Gourgens Fontaine, payeur principal.

1re DIVISION : commandant, général de division, Forey. — Aide de camp : commandant Bousquet. — Chef d'état-major : lieutenant colonel d'Auvergne.—Adjoints : commandant Andrieu; capitaine Boudet. — Sous-intendant militaire : Iratsoky.

1re **BRIGADE** : commandant, général Dieu. — 17e bataillon de chasseurs à pied : chef de bataillon Pichon. — 74e de ligne : colonel Roudière ; lieutenant colonel, Dubuart. — Chefs de bataillon : Brun ; Bernot de Charant ; Rulland. — 84e de ligne : colonel Cambriels; lieutenant colonel, Falcon. — Chefs de bataillon : Amiel ; de la Chevardière de la Granville et Ledieu.

2e **BRIGADE** : commandant, général Guyot de Lespart.—91e de ligne : colonel Abatucci ; lieutenant colonel, Champion. — Chefs de bataillon : Théologue ; Meuriche et Billot. — 98e de ligne : colonel, Conseil-Dumesnil ; lieutenant colonel, Maire. — Chefs de bataillon : Lamy ; Lefaivre et Laguerre. — Artillerie : commandant Leclere de la Herverie. — 6e batterie du 8e régiment, et 14e batterie du 10e, — Génie . commandant Schuster. 7e compagnie du 2e bataillon du 1er rég ment.

2e DIVISION : commandant, général de division de Ladmirault, — Aide de camp : capitaine de la Bastide. — Chef d'état-major : de Gravillon, lieutenant colonel. — Adjoiuts : commandant Leroy et capitaine Junel. — Sous-intendants militaires : Galles et Marchal.

1re BRIGADE : commandant, général Douay (Félix Charles).—10e bataillon de chasseurs à pied : chef de bataillon de Bressolles. — 15e de ligne : colonel Daudel ; lieutenant colonel Bouvet.—Chefs de bataillon : Rondon, Barachn, Lesèble — 21e de ligne : colonel de Fontanges de Couzan ; lieulenant colonel Lavoignet ; chefs de bataillon : Hue de la Colombe ; Roy et Doléac.

2e BRIGADE . commandant, général de Négrier. — 61e de ligne : colonel de Taxis ; lieutenant colonel Benoît ; Chefs de bataillon : Saint-Martin ; Truc Laregui et Pavé de Courteilles. — 100e de ligne : colonel Mathieu ; lieutenant colonel Deparfouru. — Chefs de bataillon : Léger ; Doyen et Doineau. — Artillerie : commandant Vautré. — 15e batterie du 16e régiment ; 7e batterie du 11e régiment. — Génie : commandant Duval ; 5e compagnie du 1ee bataillon du 1ee régiment.

Les généraux Forey, Ladmirault et Dieu ont été blessés tous trois à la bataille de Solferino.

Le 1er corps avait en outre perdu à Montebello le général Beuret et le colonel Meric de Bellefonds, du 91e. M. Guyot de Lespart avait été blessé à la même affaire.

2e corps d'armée.

(Turbigo, Magenta, Marignan, Solferino.)

COMMANDANT EN CHEF : S. Exc. le maréchal de Mac-Mahon, duc de Magenta. — Aides de camp : Borel, chef d'escadron ; Broye, capitaine. — Chef d'état-major : Lebrun, général de brigade. — Prévot : Beynaguet, chef d'escadron.

ARTILLERIE : commandant, général N..... — Chef d'état-major : de Schaller, colonel. — Commandant la réserve : Fiéret, lieutenant colonel. — Adjoints : Petitpied et Narey, chefs d'escadron. — Directeur du parc : Renaut d'Ubexi, lieutenant colonel. — Sous-directeur : Charles, chef d'escadron.

GÉNIE : Commandant, Le Baron, général de brigade. — Chef d'etat major : Prudon, lieutenant colonel. — Adjoint : Dupont, chef de bataillon.

INTENDANCE : Lebrun, intendant ; de Cevilly, sous-intendant.

MÉDECIN : le docteur Boudin.

TRÉSORERIE . Payeur principal, Vibel.

1re DIVISION. — Commandant : général de division de La Motte-rouge. — Aide de camp : Taffin, capitaine. — Chef d'état-major : commandant Joubert. — Adjoint : commandant de la Gournerie. — Sous intendant militaire : Greil.

1re BRIGADE : commandant, général Lefèvre. — Régiment provisoire de tiraillleurs algériens : colonel Buttet ; lieutenant colonel N.... ; chefs de bataillon : Vanhoorich , Callignon et Charmes. — — 45e de ligne : colonel Manuelle ; lieutenant colonel Taconnet ; chefs de bataillon : Rihet, Chavannes du Chastel et Homps.

2e BRIGADE : commandant, général de Bonnet Maureilhan Polhès. — 65e de ligne : colonel Bittard-Desportes ; lieutenant colonel Courrech ; chefs de bataillon : Gandil, Vanheule et Lange. — 70e de ligne : colonel Eudes de Boistertre ; lieutenant colonel Paturel; chefs de bataillon : d'Ariês, Mousseron et Philipp. — Artillerie : commandant Baudouin. 12e batterie du 7e régiment; 11e batterie du 11e régiment. — Génie : commandant Humbert. 4e compagnie du 2e bataillon du 2e régiment.

2e DIVISION. — Commandant : général Decaen. — Aide de camp : Watcher, capitaine. — Chef d'état-major : colonel Poulle. — Sous-intendant militaire : Roux.

1re BRIGADE : commandant, général Gault. — 11e bataillon de chasseurs à pied : chef de bataillon Labatut. — 2e régiment de zouaves : colonel Texier; lieutenant colonel Gambier; chefs de bataillon : Sainthillier, Fondrevaye et Morand. — 71e de ligne : colonel Duportal-Dugoasmeur ; lieutenant colonel Zentz ; chefs de bataillon : Taupiac, Brice Deville et Valette.

2e BRIGADE : commandant, général de Castagny. — 72e de ligne : colonel Castex ; lieutenant colonel Lejumeau de Kerkaradec; chefs de bataillon : Krien, Vichery et Lochner. — 2e régiment étranger : colonel Signorino; lieutenant colonel Martinez; chef de bataillon : Menouvrier de Fresne, Duchochois et de Colomb. — Artillerie : commandant Faye. 2e batterie du 9e régiment et 13e batterie du 13 régiment. — Génie : commandant Gras. 2e compagnie du 2e bataillon du 1er régiment.

M. Auger, général commandant l'artillerie du 2e corps, est mort des suites des blessures qu'il a reçues pendant la journée de Solferino. — Le général Espinasse, qui précéda M. Decaen dans le commandement de la 2e division, avait succombé à Magenta.

Le 2e corps a, en outre, perdu : à Magenta, les colonels Drouhot, du 65e, et de Granet-Lacroix de Chabrière, du 2e étranger; à Solferino : les colonels Laure, des tirailleurs indigènes, et Douay, du 70e de ligne.

Les aigles des 45e de ligne et 2e de zouaves sont décorés de la Légion d'honneur pour prises de drapeaux à Magenta.

3e corps d'armée.

(Palestro, Magenta, Solferino).

COMMANDANT EN CHEF : S. E. le maréchal Certain Canrobert. — Aides de camp : de Cornely, colonel, et Armand chef d'escadron. — Chef d'état-major : Besson colonel; sous-chef, Clémeur, chef d'escadron. — Adjoints : Vanson et Bourgeois capitaines. — Prévot : Arnaud de Saint-Sauveur, chef d'escadron.

ARTILLERIE : commandant, Courtois Roussel d'Urbal, général. — Chef d'état-major : Ducasse lieutenant colonel. — Commandant de la réserve : Bertrand colonel. — Adjoints : Saint-Remy et Meinadier chefs d'escadron. — Directeur du parc : Guichon lieutenant colonel. — Sous-directeur : Chavaudret, chef d'esdron.

GENIE : commandant, Chauchard, général.— Chef d'état-major : Rodson de Noirfontaine, colonel. — Adjoint : de Brevans, chef de bataillon.

INTENDANCE : Mallarmé, intendant; de Juge et Wiriot, sous-intendants.

MEDECIN EN CHEF : Salleron.

TRÉSORERIE : Dubard, payeur principal

1re DIVISION : commandant, le général de division Renault. — Aide de camp, capitaine Dumas. — Chef d'état-major : lieutenant colonel Colson. — Sous-intendants militaires : Parmentier et Pezeril.

1re BRIGADE : commandant, général Jannin. — 8e bataillon de chasseurs à pied : chef de bataillon Merle. — 23e de ligne : Colonel Auzouy; lieutenant colonel Ardouin; chef de bataillon D'Avout, N... N... — 41e de ligne : Colonel de Tryon; lieutenant colonel N...; chefs de bataillon Godard, de la Mariouse et Fonrouge.

2me **BRIGADE** : commandant, général Picard. — 56e de ligne : colonel Schneider dit Lux ; lieutenant colonel de Luxer ; chefs de bataillon Miel, Schwartz et Latrille. — 90e de ligne : colonel Guilhem ; lieutenant colonel Dumoulin ; chefs de bataillon Rapt, Leroux et Gerigoult. — Artillerie : commandant Barbary de Langlade ; 9me batterie du 8me régiment ; 11me batterie du 12me régiment. — Génie : commandant Massu ; 3me compagnie du 1er bataillon du 2me régiment.

2me DIVISION : commandant Trochu, général de division. — Chef d'état-major : de Place, lieutenant colonel. — Sous intendants : MM. Gayard et Baudry.

1re **BRIGADE** : commandant, général Bataille. — 19e bataillon de chasseurs à pied : chef de bataillon de Waldner. — 43e de ligne : colonel Jeanningros ; lieutenant colonel Courbier ; chefs de bataillon Vergoignan, Becq et Boisson. — 44e de ligne : colonel Pierson ; lieutenant colonel Vandenheim ; chefs de bataillon Lalanée, Robinot d'Ennemont et Richoux.

2me **BRIGADE** : commandant, général Collineau. — 64e de ligne : colonel de Jouenne d'Esgrigny ; lieutenant colonel Boris ; chefs de bataillon Gentral, Malet de Chauny et Guyot. — 88e de ligne : colonel Sanglé-Ferrière ; lieutenant colonel Anthoine ; chefs de bataillon Monin, Rambaud et Sidari. — Artillerie : commandant Taillefer-Laportalière ; 7e batterie du 7e régiment, et 19e batterie du 8e régiment. — Génie : commandant Rémond ; 7e compagnie du 2e bataillon du 3e régiment.

Le 3e corps a perdu pendant la campagne 3 colonels, MM. de Senneville de l'état-major, et Charlier du 90e, à Magenta ; et Broutta, du 43e, à Solferino.

4e corps d'armée.

(Novare, Magenta et Solferino).

COMMANDANT EN CHEF : S. Exc. le maréchal Niel. — Aides de camp : Cartier et Parmentier, capitaines. — Chef d'état-major : Espivent de Villeboisnet, colonel. — Prévot : Potié, chef d'escadron.

ARTILLERIE : commandant, Soleille, général de division. — Chef d'état-major : Labastie, général de brigade. — Commandant de la réserve : Liégeard, colonel. — Adjoints : Chevreuil et de Bar, chefs d'escadron. — Directeur du parc : Wartelle, lieutenant colonel. — Sous-directeur : Bouché, chef d'escadron.

GENIE : commandant, N... — Chef d'état-major : Véronique, lieutenant colonel. — Adjoint : Petit, chef de bataillon.

INTENDANCE : M. Wolff, intendant ; MM. d'Huc de Monségon et Puffeney, sous-intendants.

MÉDECIN EN CHEF : M. Fenin.

TRÉSORERIE : Pontigayot, payeur principal.

1re DIVISION. — Commandant : général de division Luzy Pélissac. — Aide de camp : Joba. — Chef d'état-major : Pissis, colonel. — Adjoint : commandant Crépy. — Sous-intendants militaires : de Maixant et Joba.

1re **BRIGADE** : commandant, général Douay (Charles-Abel). — 5e bataillon de chasseurs à pied : chef de bataillon Thouvenin. — 6e de ligne : colonel, Dupin de Saint-André ; lieutenant colonel, Turnier ; chefs de bataillon, Beauprêtre, Rolland et Villmette. — 8e de ligne : colonel, N... ; lieutenant colonel, Dumont ; chefs de bataillon, Berthau du Chesne, Mouzin Lizys, Godinot de Vilaire.

3e **BRIGADE** : commandant, général Lenoble. — 30e de ligne : colonel, de La Bastide ; lieutenant colonel, Louvent ; chefs de bataillon, Lazarotti; Fliniaux et Berthe dit Alexis.— 49e de ligne: colonel, de Mallet; lieutenant colonel, Longchampt; chefs de bataillon, Pitté, Lebrun et Kubler. — Artillerie : lieutenant colonel, de Vassoigne; 13e batterie du 12e régiment; 7e batterie du 13e — Génie : commandant, Caffyn; 5e compagnie du 1er bataillon du 3e régiment.

2e DIVISION. — Commandant : général de division Vinoy. — Aide camp : capitaine Loysel. — Chef d'état-major : lieutenant colonel Osmont. — Adjoint : commandant de Brossard. — Sous-intendants : MM. Sanson et Liais.

1re BRIGADE : commandant, N...— 6e bataillon de chasseurs à pied: chef de bataillon, de Pottier. — 52e de ligne : colonel, Câpriol de Péchassault; lieutenant colonel, d'Audebard de Férussac; chefs de bataillon, Desmarets, Puissant du Lédo, Dupuis. — 73e de ligne : colonel, O'Malley; lieutenant colonel, Giraud; chefs de bataillon, Claude, Guignet, Blendowski.

2e BRIGADE : commandant, général Ladreylt de la Charrière. — 85e de ligne : colonel, Véron dit Bellecourt; lieutenant colonel, Pacaud; chefs de bataillon, Avelines, Abraham et Blache. — 86e de ligne : colonel, N...; lieutenant colonel, Lhériller; chefs de bataillon, Bleton, Mongin et Tronsens. — Artillerie : commandant, Verdin-Laverdit; 12e batterie du 10e régiment; 12e du 13e régiment. — Génie : commandant, de Romilly, 3e compagnie du 2e bataillon du 3e régiment.

Le général de Martimprey, qui commandait la 1re brigade de la 2e division, a été blessé à Solferino.

Les colonels Jourjon, du génie; Lacroix, du 30e; de Waubert de Genlis, du 8e, ont succombé dans la même bataille.

Paris. — Imprimerie de Schiller aîné, 11, rue du Faubourg-Montmartre.

www.ingramcontent.com/pod-product-compliance
Lightning Source LLC
LaVergne TN
LVHW010221230826
846091LV00008BB/3614
9782016123638